Comment ça marche?

Imagines ton histoire autour du thème *«Moi et mes potes»*.
Cela peut-être une histoire inspirée de ta vie personnelle ou complètement tirée de ton imagination.

Utilises les cadres vierges pour saisir l'action.
N'hésites pas à ajouter des bulles de textes
pour diriger ton histoire.

example:

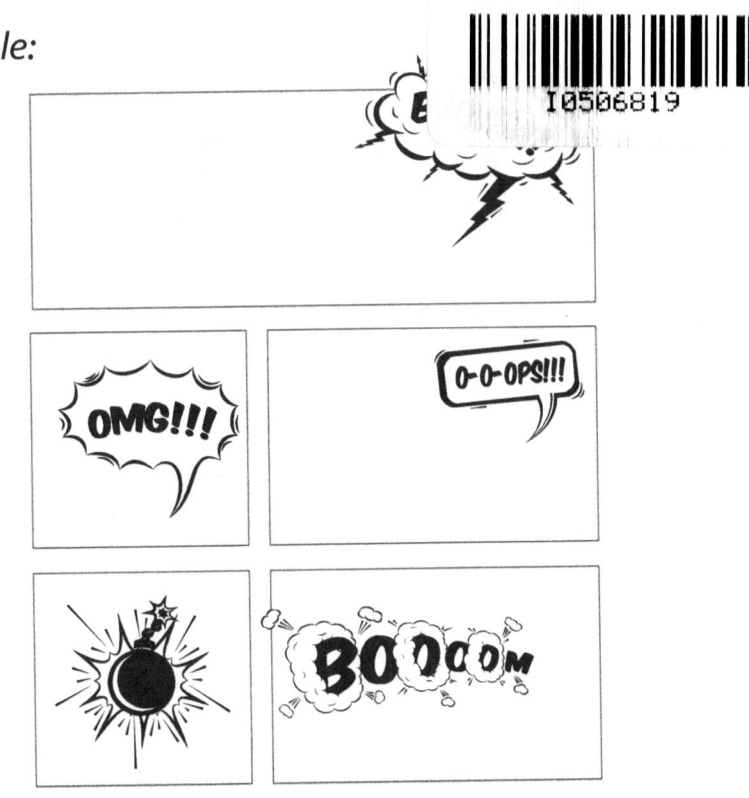

D'autres thèmes sont disponible sur :
https://www.amazon.fr/l/B083ZFS4V5

Ecris et illustré par: _____

Maison d'édition : _____

Moi et mes potes

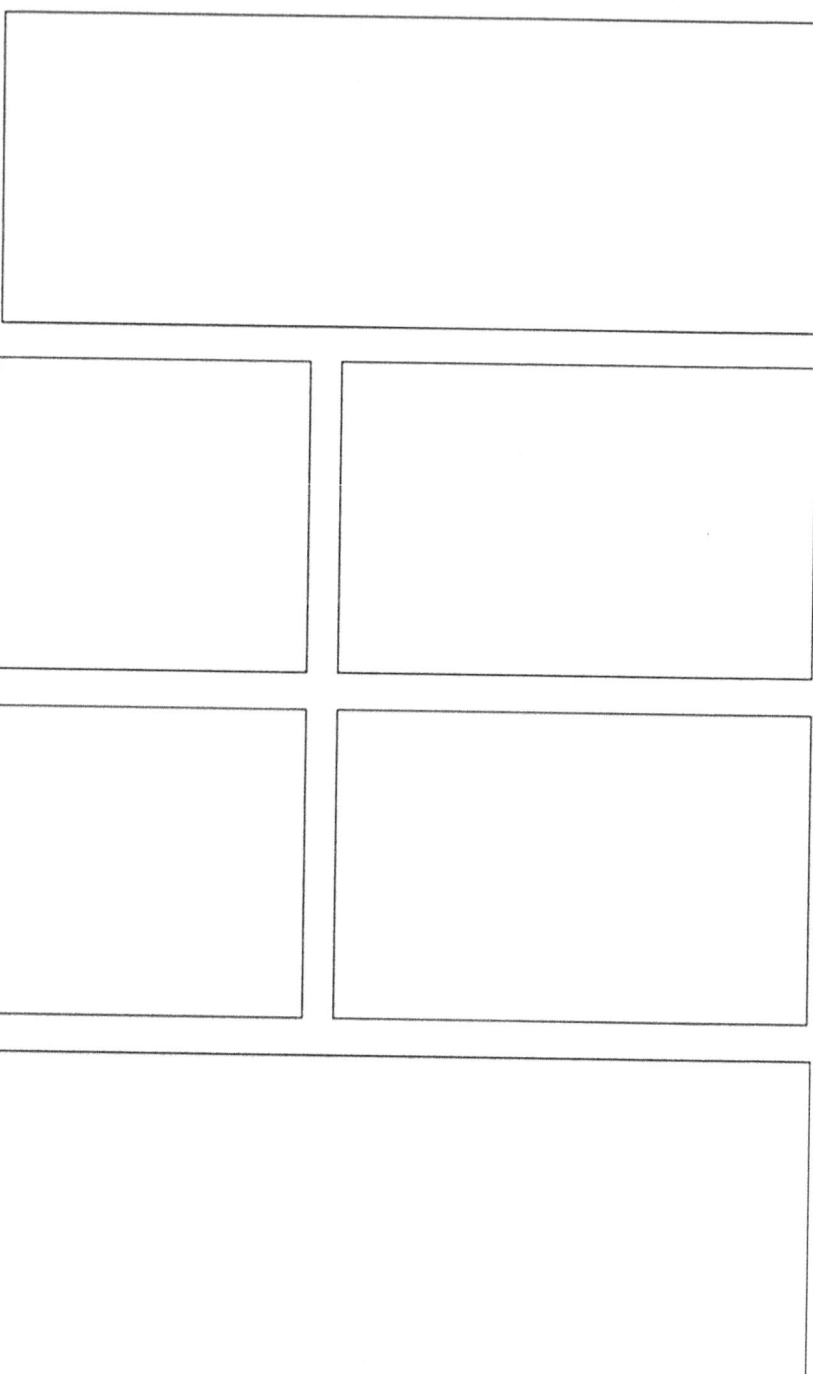

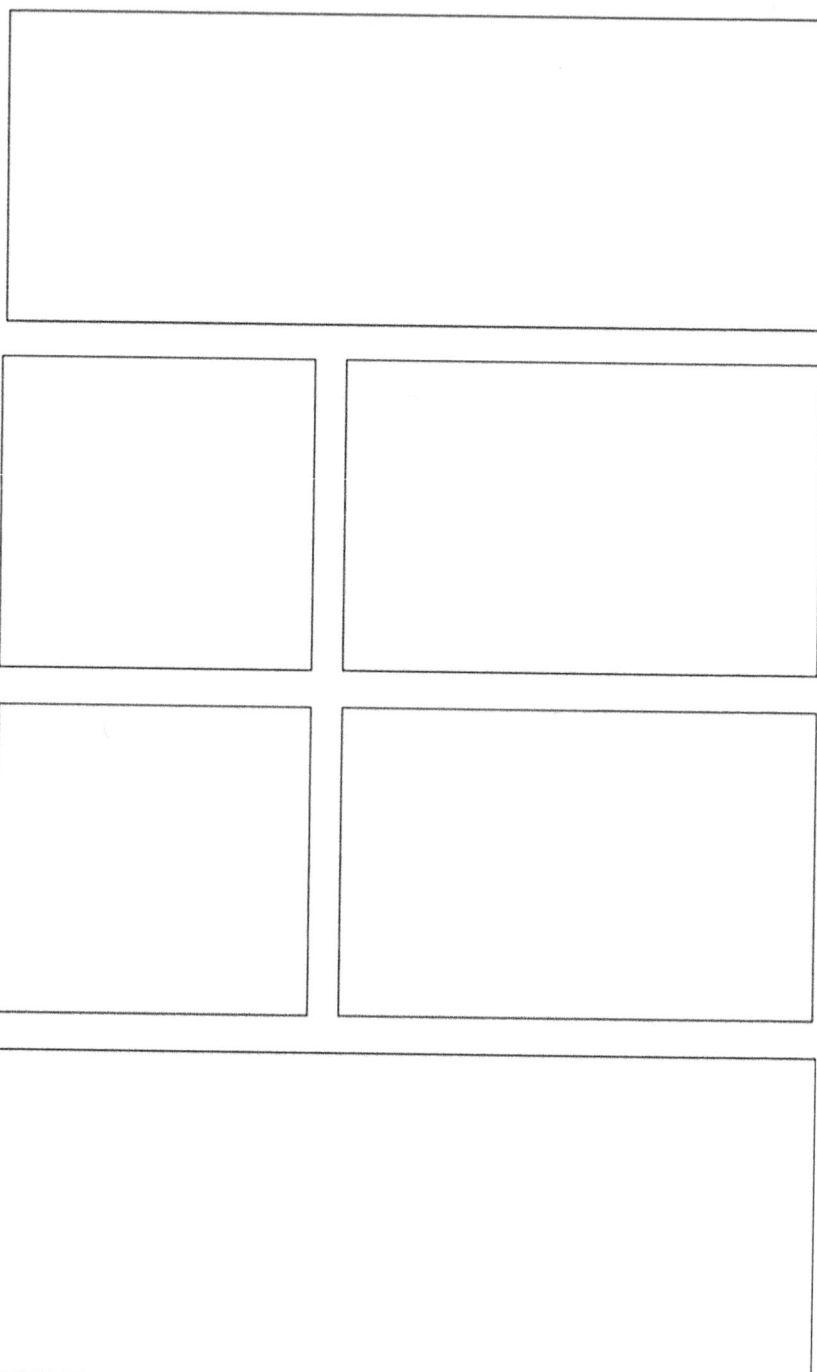

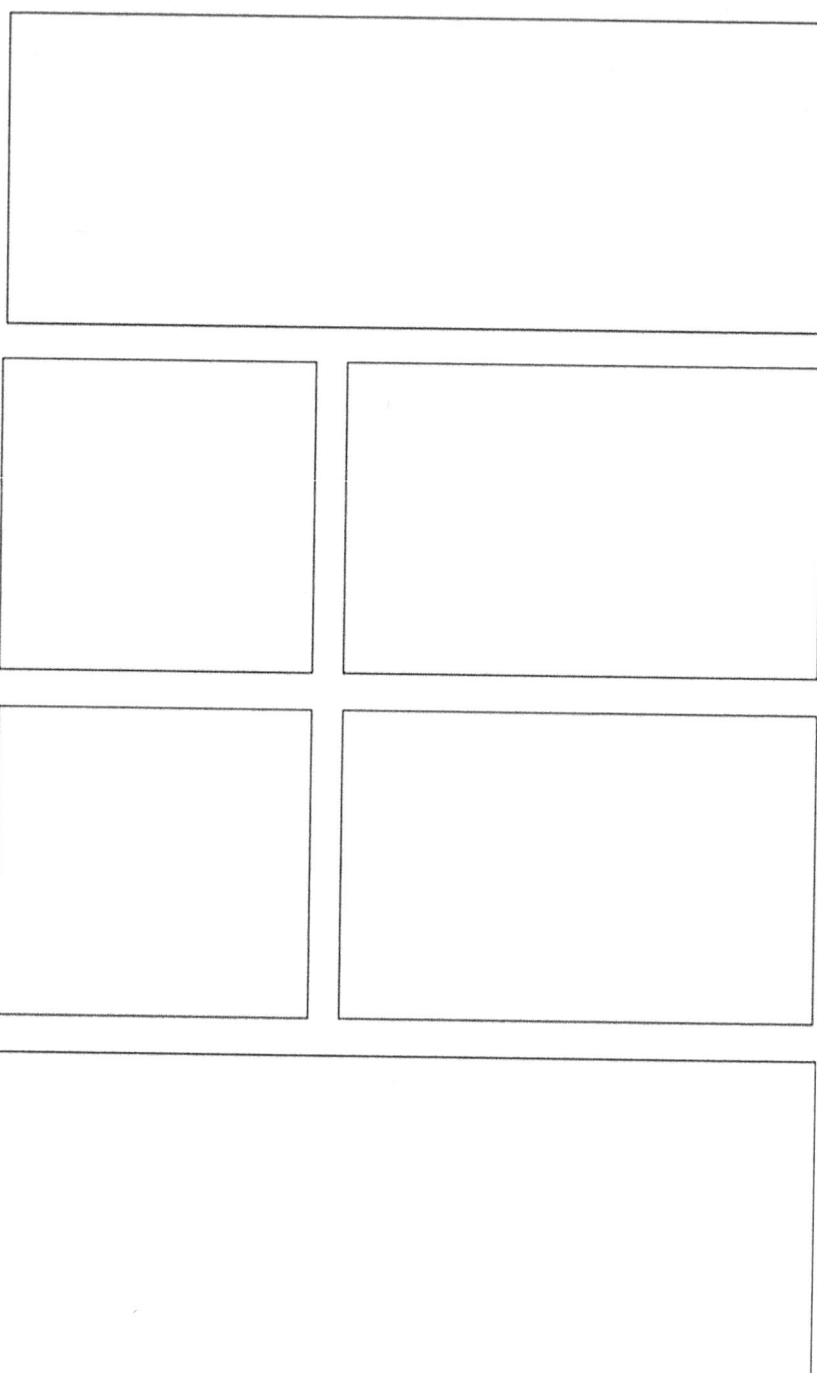

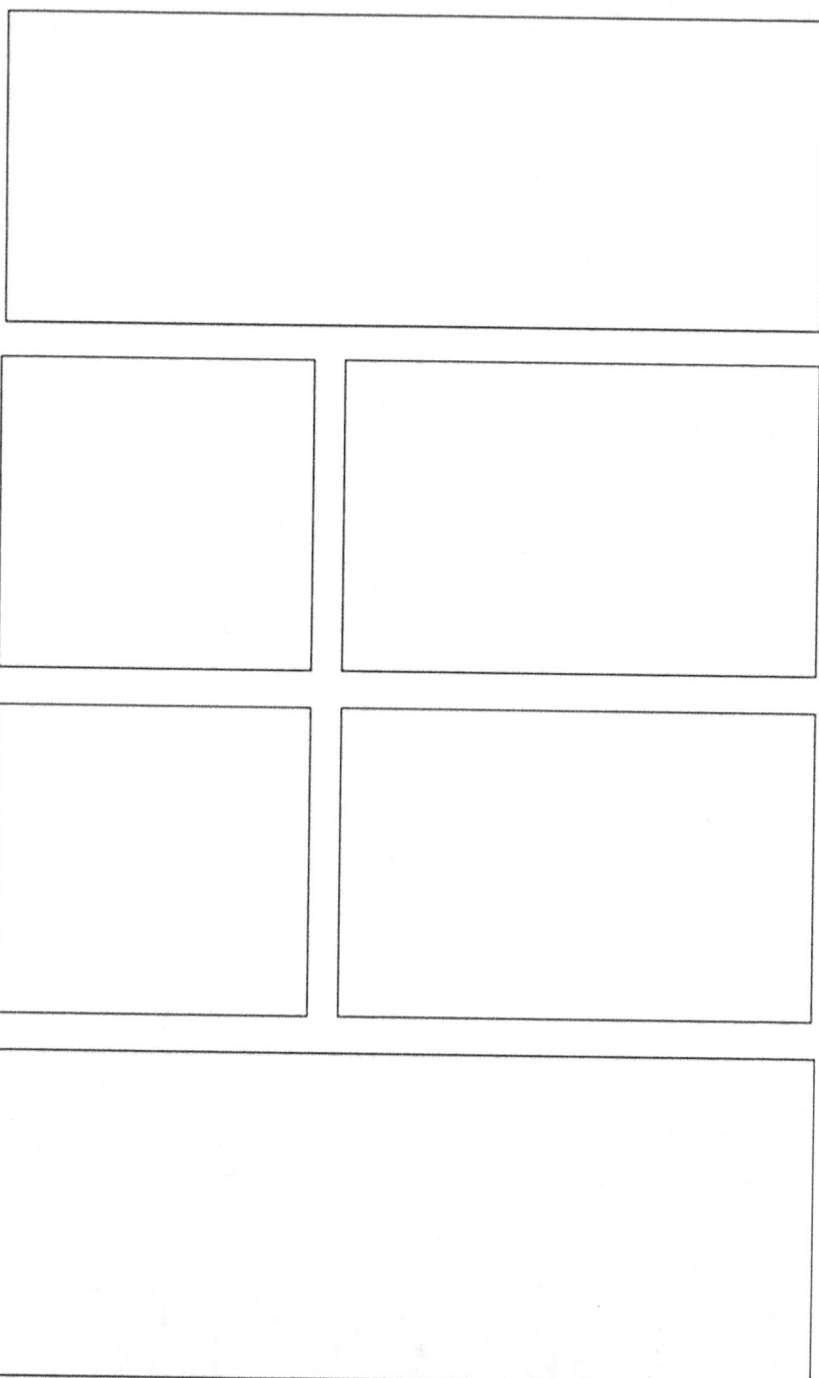

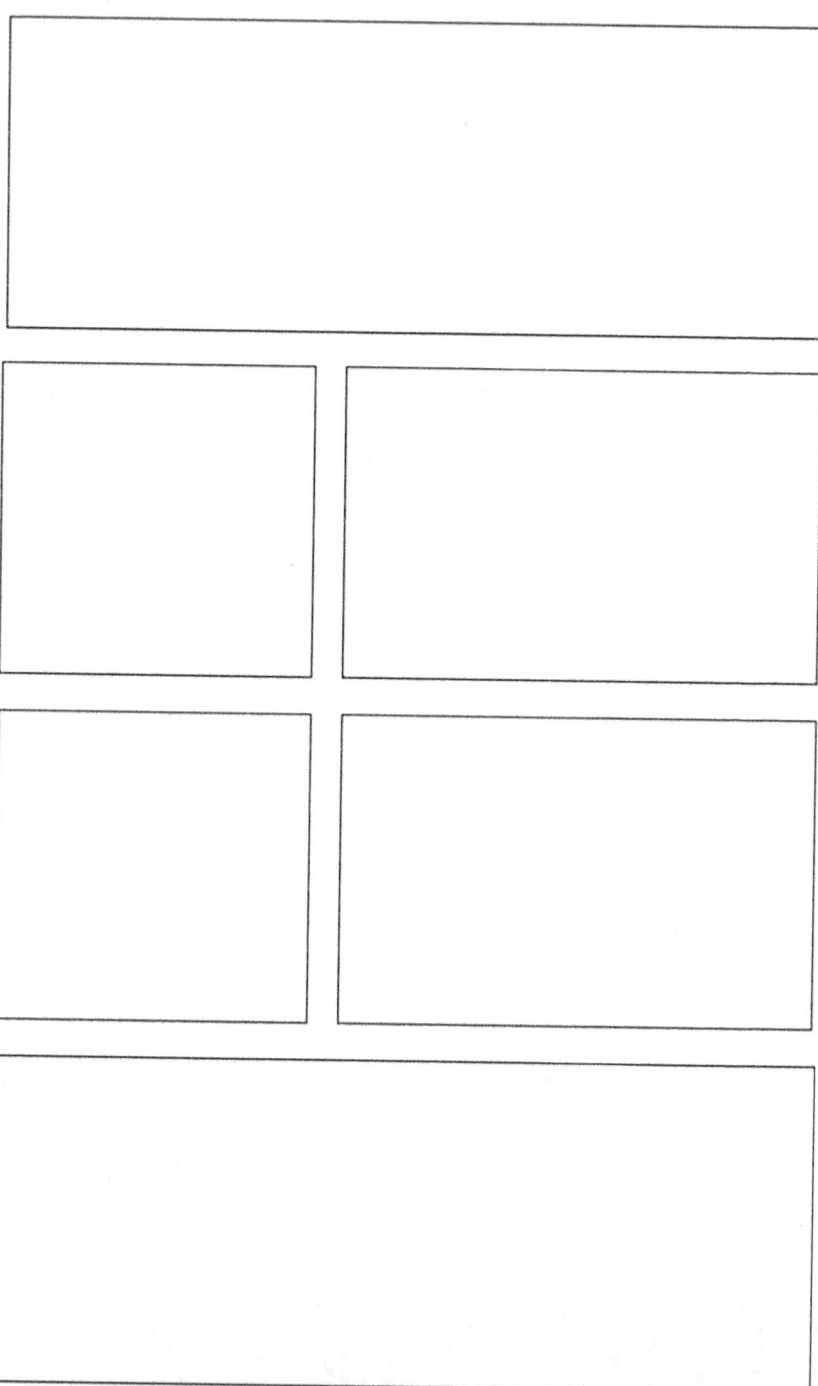

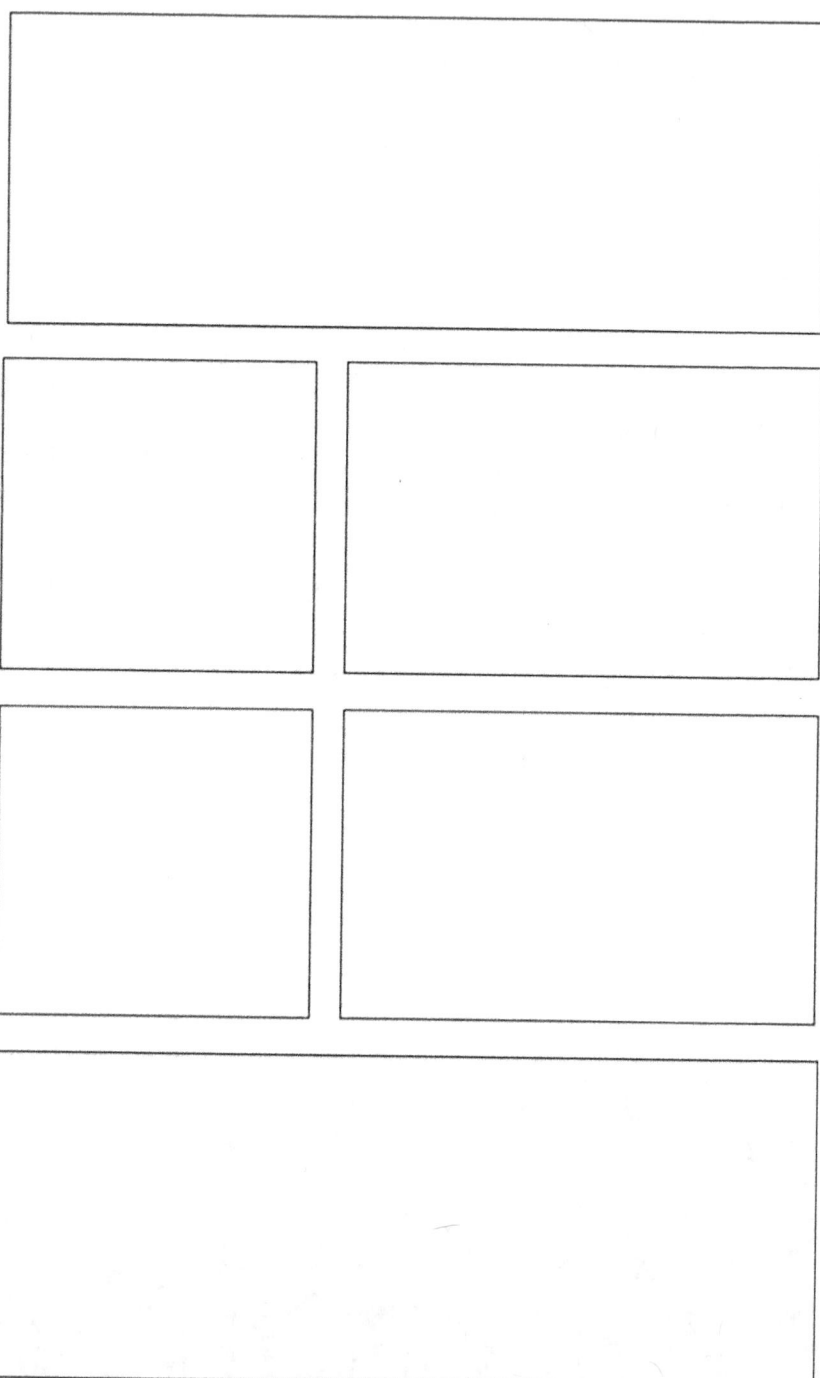

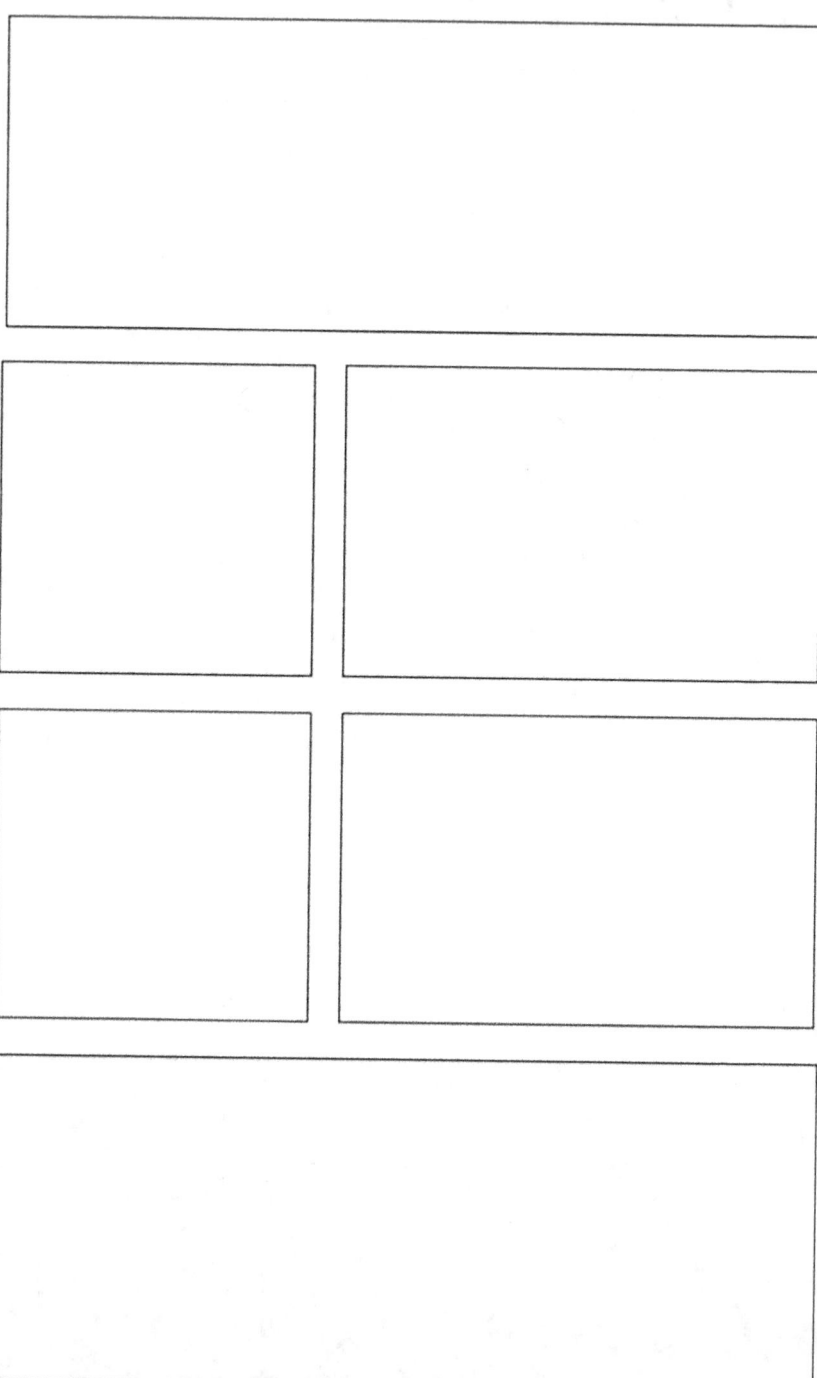

FIN

D'autres thèmes sont disponible sur :
https://www.amazon.fr/l/B083ZFS4V5